UNIVERSITÉ DE FRANCE.

ACADÉMIE DE STRASBOURG.

THÈSE
POUR LA LICENCE,

PRÉSENTÉE

A LA FACULTÉ DE DROIT DE STRASBOURG

ET SOUTENUE PUBLIQUEMENT

le Lundi 18 Août 1851, à midi,

PAR

CHARLES THOUVENIN,

de Velaine-en-Haye (Meurthe).

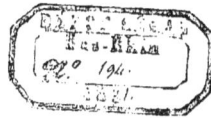

STRASBOURG,

DE L'IMPRIMERIE D'ÉDOUARD HUDER, RUE DES VEAUX, 27.

1851.

A LA MÉMOIRE

DE MON PÈRE.

A MA MÈRE.

CH. THOUVENIN.

FACULTÉ DE DROIT DE STRASBOURG.

MM. RAUTER ✳ . . . . . doyen et professeur de procédure civile et de
législation criminelle.

HEPP ✳ . . . . . . professeur de Droit des gens.

HEIMBURGER . . . . professeur de Droit romain.

THIERIET ✳. . . . . professeur de Droit commercial.

AUBRY ✳. . . . . . professeur de Droit civil français.

SCHÜTZENBERGER ✳ . professeur de Droit administratif.

RAU ✳ . . . . professeur de Droit civil français.

ESCHBACH . . . . . professeur de Droit civil français.

BLŒCHEL ✳. . . . . professeur honoraire.

DESTRAIS. . . . . . professeur suppléant.

LUQUIAU . . . . . . professeur suppléant.

WERNERT . . . . . . secrétaire, agent comptable.

MM. HEIMBURGER, président de la thèse.

HEIMBURGER,
THIERIET,   } examinateurs.
AUBRY,
DESTRAIS,

La Faculté n'entend approuver ni désapprouver les opinions particulières au candidat.

DROIT CIVIL FRANÇAIS.

PREMIÈRE PARTIE.

De la promulgation et de la publication des lois civiles.

(Art. 1er du Code civil.)

INTRODUCTION.

C'est un principe constant et universellement reconnu, en droit, que les lois ne sont *exécutoires* qu'en vertu de la *promulgation*, c'est-à-dire, d'un ordre d'exécution, émané du chef de l'État, en qui réside le pouvoir exécutif, et qu'elles ne sont *obligatoires*, c'est-à-dire, que les citoyens ne peuvent être légalement contraints de les exécuter, ni même s'en prévaloir, que lorsqu'elles sont parvenues à leur connaissance par la publication qui en est faite suivant les formes déterminées par la loi (art. 1er, al. 1er et 2, C. civ.). *Lex non obligat, nisi rite promulgata.*

T.   1

Qu'est-ce donc que la promulgation ? — Qu'est-ce que la publication ?

Avant de répondre à ces questions, établissons la différence essentielle, fondamentale, caractéristique, qui existe entre la *sanction* et la *promulgation*.

Appliqué aux lois, le mot sanction a deux significations : 1° dans une première acception, ce mot signifie la disposition pénale qui assure l'exécution d'un article de la loi ; ainsi, la sanction de la disposition législative, qui défend à l'homme de contracter mariage avant l'âge de dix-huit ans révolus (art. 144, C. civ.) se trouve dans l'art. 184 du même Code, qui permet d'attaquer le mariage pour en faire déclarer la nullité. *Legum eas partes, quibus pœnas constituimus, adversus eos qui contra leges fecerint, sanctiones vocamus*[1].

2° Dans un deuxième sens, la sanction était le consentement, l'approbation que donnait le roi au projet de loi voté par les deux chambres ; c'était le vote du roi. Elle donnait à la loi son complément, son existence, et se manifestait ordinairement par la signature du roi, au bas de la minute de la loi, et par l'apposition du sceau royal. C'est dans ce dernier sens que nous l'envisageons en l'opposant à la promulgation.

Cela posé, nous dirons que la *promulgation*, ou l'*ordre de promulgation*, est, dans notre, législation, l'acte par lequel le chef du pouvoir exécutif atteste au corps social l'existence de la loi, et en commande l'exécution ; c'est, pour ainsi dire, l'*installation* de la loi.

Dès lors, nous voyons que la *sanction* était le complément de la loi, qui recevait d'elle son existence ; la *promulgation*, au contraire, n'en fait que constater l'existence, lui imprimer sa force obligatoire : la promulgation ne fait pas la loi ; mais la loi ne peut être exécutée qu'après avoir été promulguée.

La promulgation, c'est la voix du législateur ; la nature même des

1. Instit. lib. II, § 10, de rerum divis.

choses s'oppose à ce que cette voix se fasse entendre à chaque citoyen
individuellement, sur toute l'étendue du territoire français. La loi, en
effet, prend les hommes en masse ; elle parle, non à chacun en particulier, mais au corps entier de la société. La notoriété légale de la loi
ne peut donc résulter que de la présomption, qu'elle est connue ou
réputée telle ; or, elle est acquise du moment que la publicité, don-
née à la loi, est telle que personne ne puisse plus prétendre, au moins
en temps ordinaire, avoir ignoré la loi.

Quand chacun a pu en prendre connaissance, s'en instruire, c'est sa
faute s'il l'ignore; il n'en est pas moins obligé : car, *idem est scire legem,
aut scire debuisse, aut potuisse* [1].

Ici se présente la question de savoir quelle est la date de la loi ?
Prend-elle sa date du jour où elle a été promulguée, ou du jour où
elle a été décrétée par le pouvoir législatif? Un avis du conseil d'État,
du 5 pluviôse an VIII, a résolu cette question. Le conseil d'État a con-
sidéré que la promulgation n'est pas une sanction qui donne à la loi
son complément; que la loi est parfaite, qu'elle prend son existence,
sa force obligatoire, du moment où elle a été décrétée par le corps
législatif. Ces motifs l'ont conduit à penser que la loi prend sa date
du jour du décret, la promulgation n'étant que la première condition,
le premier moyen de son exécution; voilà pourquoi elle appartient au
pouvoir exécutif.

Cette décision est encore applicable aujourd'hui; toutefois, comme
d'après l'art. 41 de la Constitution du 4 novembre 1848, la loi est
soumise à trois délibérations au sein de l'Assemblée législative, lesquelles ne peuvent être faites à moins de cinq jours d'intervalle, il
s'agit de savoir si la loi prendra date de ces trois délibérations, ou de
la dernière seulement. Nous croyons que la véritable date de la loi
sera celle de la troisième délibération; car, jusqu'alors elle n'est qu'un
projet, mais elle n'est pas encore loi; elle ne le sera que lorsqu'elle

1. Locré, Esprit du Code civil sur l'art. 1er.

aura été votée définitivement par l'Assemblée. C'est ce qui résulte, d'ailleurs, très-clairement du texte même de l'art. 41 précité. Quant à la promulgation, qui doit en être faite par le président de la République, comme chef du pouvoir exécutif, en vertu de l'art. 56 de notre Constitution actuelle, comme elle n'ajoute rien à la perfection de la loi, il n'y a pas lieu à la question de savoir si la loi prend sa date du jour où la promulgation en a été faite.

Nous trouvons, à ce sujet, une lacune regrettable dans la législation de 1814 à 1848. En effet, les Chartes de 1814 et de 1830 n'avaient fixé aucun délai dans lequel la promulgation dût avoir lieu ; de telle sorte que le pouvoir législatif se trouvait sous la dépendance du pouvoir exécutif, qui pouvait différer, ou même omettre la promulgation d'une loi, et rendre celle-ci non avenue. La Constitution de 1848 remédie à ce grave inconvénient. En effet, la promulgation doit être faite dans le délai d'un mois à partir du jour où les lois ont été adoptées par la troisième délibération de l'Assemblée (art. 57, Const. 1848). Les lois d'urgence, ajoute le même article, seront promulguées dans le délai de trois jours par le président de la République; faute par lui de la promulguer dans les délais prescrits, cette promulgation sera faite par le président de l'Assemblée nationale (art. 59).

Il faut, avons-nous dit, que cette attestation de l'existence de la loi soit notifiée aux citoyens, soit connue d'eux pour qu'ils puissent s'y soumettre. Comment donc se fera cette notification? *Par la publication.* La publication est l'acte par lequel l'existence de la loi et l'ordre de l'exécuter, c'est-à-dire, la promulgation, sont notifiés aux individus qui doivent y obéir. Il ne faut pas la confondre avec la promulgation ; celle-ci atteste l'existence de la loi d'une manière authentique, officielle : elle a pour but de constater que cet acte législatif est revêtu de toutes les formes constitutionnelles.

La loi n'obligeant que lorsqu'elle est connue, il est donc indispensable d'établir les moyens de s'assurer qu'elle a pu l'être, ou du moment où elle a dû l'être, c'est-à-dire, de régler soit les formes de la publication, lorsque, comme sous la législation antérieure au Code civil, il y avait une publication matérielle, soit le temps après lequel la notoriété publique sera réputée avoir suffisamment averti les citoyens de l'existence de la loi, comme sous le Code civil.

Ainsi, et pour nous résumer, la promulgation rend la loi exécutoire; la publication la rend obligatoire. Cette distinction n'est pas oiseuse, elle a, dans la pratique, des effets très-importants.

C'est précisément, par suite de la confusion de ces deux espèces d'actes, que nous rencontrons tant de modes différents de publication suivis par les gouvernements postérieurs à la révolution de 1789.

CHAPITRE PREMIER.

Des différents systèmes de publication des lois avant le Code civil.

Sous l'ancien régime, alors que les pouvoirs législatif et exécutif se trouvaient réunis dans la même main, on n'avait sur la promulgation que des idées très-confuses; c'est, qu'en effet, la sanction et la promulgation étaient confondues dans le même acte; elles étaient inséparables, comme on peut le voir par la promulgation de nos anciennes ordonnances. La loi prenait la date de cette promulgation; le mois seul y était ordinairement indiqué.

Par cette promulgation, les lois devenaient exécutoires; elles ne devenaient obligatoires que du jour de leur publication qui se faisait par l'enregistrement dans les cours souveraines, et par la lecture du texte de la loi à l'audience[1].

C'était là une notoriété de droit plutôt qu'une notoriété de fait;

1. Cette dernière formalité se pratique encore de nos jours. Dans chaque cour ou tribunal se trouve un registre spécial, sur lequel le greffier doit transcrire la

car il est évident que cette lecture ne pouvait suffire pour faire connaître la loi à tous les citoyens habitant l'étendue du ressort de la cour où elle se faisait.

Dans le ressort de certaines cours, la loi était censée promulguée, et elle était obligatoire pour tous les habitants du pays, du jour où elle avait été enregistrée par le parlement de la province; dans d'autres, la formalité de l'enregistrement était considérée comme le complément de loi; la promulgation résultait de l'envoi qui en était fait aux baillages et sénéchaussées; la loi ne devenait exécutoire dans chaque territoire que du jour de la publication, faite à l'audience par le baillage ou la sénéchaussée de ce territoire.

Mais ce dernier mode était encore évidemment insuffisant; en effet, la lecture de la loi à l'audience d'un baillage ou d'une sénéchaussée, bien que le ressort en fût moins étendu que celui d'un parlement, ne pouvait en donner une connaissance réelle à tous les citoyens de ce ressort.

Nous pouvons déjà remarquer que, sous cette législation, la promulgation différait de la publication, et quant à leur date et quant à leur effet. La loi prenait la date de la promulgation qui la rendait exécutoire; elle devenait obligatoire, devait être observée, exécutée, du jour de la publication.

Vint l'Assemblée constituante de 1789 qui, en séparant les pouvoirs, distingua la sanction de la promulgation; la sanction était, dans ses principes, le consentement donné par le roi aux décisions de l'Assemblée; c'était le vote du roi qui donnait à la loi son existence définitive. La formule de cette sanction a été insérée dans un décret du 9 novembre 1789[1], accepté par le roi et refondu dans la Constitution du 3 septembre 1791. Le même décret appelait promulgation l'acte

loi nouvellement promulguée, aussitôt qu'est arrivé le numéro du bulletin qui la contient; il en donne lecture à l'audience. (loi des 16 et 24 août 1790, art. 11).

La sanction de ces dispositions se trouve dans l'art. 127 du Code pénal.

1. Sect. 3, chap. 3, tit. 2, de la sanct. roy.

par lequel le roi, chef du pouvoir exécutif, attestait au corps social l'existence de la loi, et ordonnait de l'exécuter, de la faire exécuter et de la publier.

Par les lois des 5 novembre 1789 et 2 novembre 1790, l'Assemblée fit résulter la publication de la transcription de la loi sur les registres des tribunaux, corps administratifs et municipalités, et de la lecture publique, publications et affiches faites sans délai, aussitôt que la loi serait parvenue à ces différentes autorités.

De pareilles affiches étaient de nature à ne pouvoir laisser ignorer la loi aux citoyens. Ce système de publication avait l'inconvénient de laisser incertaine l'époque à laquelle la loi était devenue obligatoire dans chaque localité ; car le jour de ces affiches n'était pas constaté d'une manière régulière.

La sanction, la promulgation et la publication étaient, nous le voyons, trois actes bien différents. La sanction venait compléter la loi, lui donnait son existence ; la promulgation attestait cette existence de la loi, et la rendait exécutoire ; la publication la faisait connaître aux citoyens, et la rendait obligatoire.

La Convention nationale, qui confondit tous les pouvoirs, supprima par un décret du 14 frimaire an II (4 décembre 1793) ce mode de publication, et le remplaça par l'envoi aux autorités constituées d'un Bulletin officiel (*Bulletin des lois*), et par une lecture publique, faite au peuple dans chaque localité, à son de trompe ou de tambour.

L'art. 9 du même décret confondit la promulgation et la publication ; en effet, il y est dit : « Dans chaque lieu, la promulgation de la « loi sera faite, dans les vingt-quatre heures de la réception du Bulle- « tin, par une publication au son de trompe ou de tambour, et la « loi deviendra obligatoire à compter du jour de cette proclamation. »

La Constitution du 5 fructidor an III (22 août 1795) fit cesser cette confusion ; le directoire exécutif fut chargé de sceller, promulguer et publier la loi ; l'art. 130 porte en effet : « Le directoire ordonne que la loi, ou l'acte du corps législatif, sera publiée, exécutée, etc... »

La promulgation, ou l'ordre de publier la loi, n'est donc pas la publication.

La loi du 12 vendémiaire an IV (4 octobre 1795) abrogea le décret du 14 frimaire an II (4 décembre 1793), en ce qui concerne le mode de publication des lois; mais, elle maintint l'établissement du *Bulletin des lois;* ordonna de plus qu'on y insérât: *les proclamations et arrêtés du pouvoir exécutif pour l'exécution des lois.*

Tout en confirmant l'envoi qui était fait de ce bulletin aux autorités, elle supprima la nécessité de la lecture publique et de l'affiche, si ce n'est dans le cas où la loi elle-même l'ordonnerait; c'est l'objet de l'art. 11. Elle ordonna que les lois fussent réputées publiées, et, partant, obligatoires dans l'étendue de chaque département, du jour où le bulletin, qui la contenait, serait arrivé au chef-lieu: sa réception devait être constatée par les administrateurs, sur un registre spécial (art. 12).

Le directoire exécutif, pour assurer l'exécution de cette dernière disposition, arrêta le 12 prairial an IV que son commissaire près l'administration centrale de chaque département ferait parvenir, le premier jour de chaque décade, à toutes les autorités constituées du département, un tableau signé de lui, et contenant les numéros du *Bulletin des lois* reçus dans la décade précédente, avec l'indication précise du jour de l'arrivée de chacun d'eux. Depuis, ces commissaires du pouvoir exécutif ayant été supprimés, le gouvernement arrêta le 16 prairial an VIII, que les tableaux du bulletin des lois seraient envoyés par les préfets aux sous-préfets, et par ceux-ci aux maires de l'arrondissement dans lequel ils résident.

Le système de publication, adopté par le décret du 14 frimaire an II, et qui, à vrai dire, n'en était pas un, avait de graves inconvénients; ainsi : 1° il avait le défaut d'attacher l'effet de la publicité à des formes qui, en réalité, ne pouvaient pas la produire. L'enregistrement, en effet, reste caché au peuple; les affiches et la lecture rapide faite en public n'en donnaient aux citoyens qu'une connaissance passa-

gère ; 2° il donnait aux autorités locales la facilité de retarder l'exécution de la loi, en différant de la publier; 3° enfin, il laissait incertaine l'époque à laquelle la loi prenait sa force obligatoire dans chaque localité.

La loi du 12 vendémiaire an IV fit disparaître les deux premiers
inconvénients; elle ne fit plus résulter la notoriété de la loi de forma-
lités matérielles, qui ne pouvaient point la produire; mais, au contraire, de la publicité opérée par le mode de décréter la loi. C'est
qu'en effet elle n'employait pas l'envoi du bulletin, la seule formalité
extérieure qu'elle ait conservée, comme un moyen de répandre la connaissance de la loi parmi le peuple, mais seulement comme un moyen
de fixer l'époque où la loi serait devenue obligatoire, et de la rendre
indépendante du fait des autorités locales.

Cependant la loi de vendémiaire ne paraît pas au troisième inconvénient; car l'arrivée du bulletin officiel pouvait être retardée par une
foule de causes: l'époque à laquelle la loi devenait obligatoire restait
donc incertaine, et, pour la connaître, il fallait consulter les registres
de l'administration, sur lesquels était mentionné le jour de la réception du bulletin.

Néanmoins, ce mode de publication fut en usage jusqu'à la promulgation du Code civil, décrété sous l'empire de la Constitution de
l'an VIII.

L'inconvénient que laissait subsister la loi de vendémiaire dût disparaître, dès lors qu'on ne fit plus de l'envoi du bulletin une condition essentielle de la publication; et qu'on regarda la notoriété
comme suffisamment établie par les formes dans lesquelles la loi est
décrétée.

En effet, sous l'empire de la Constitution du 22 frimaire an VIII,
la loi, proposée par le gouvernement, communiquée au tribunat, qui
la discutait, sans pouvoir rien y changer, recevait son existence, son
complément par le vote du corps législatif; c'était là la dernière condition essentielle à sa formation : elle prenait date du jour de son

T.   2

émission, après lequel le pouvoir exécutif ne pouvait plus la rejeter.

L'art. 37 de la même Constitution prescrivait au pouvoir exécutif l'obligation de promulguer la loi, dans les dix jours, à compter de son émission.

Il n'y eut plus dès lors de formes de publication à régler; il ne s'agissait plus que de déterminer le laps de temps, après lequel la notoriété de la loi devant être parvenue à tous les points du territoire français, la présomption de la connaissance de la loi serait réputée acquise. Ainsi, dans ce système, il suffisait d'une présomption générale, qui s'appliquait aux fonctionnaires publics, aussi bien qu'aux simples citoyens : la certitude physique, qui résultait de l'emploi de formes matérielles, fut remplacée par la certitude morale que donnait cette présomption. On n'eut plus dès lors qu'à donner au délai, après l'expiration duquel la loi devenait obligatoire, assez d'étendue pour que les magistrats pussent raisonnablement être censés la connaître, lorsque viendrait le moment de la faire exécuter.

Quant à l'envoi du Bulletin officiel, il cessa d'être une condition nécessaire de la publication : mais il fut maintenu : 1° Comme un moyen régulier de rendre la loi plus efficacement présente aux différentes parties de l'Etat, et d'en assurer le dépôt dans tous les lieux où elle doit être exécutée. Sous ce rapport la loi du 12 vendémiaire an IV a conservé toute sa force; et les devoirs qu'elle impose au ministre de la justice, de la faire insérer au Bulletin des lois, continuent de subsister; 2° comme mode de publication des règlements et des arrêtés; car les dispositions du Code civil ne concernent que les lois.

CHAPITRE II.

Système de publication adopté par le Code.

Les rédacteurs du Code adoptèrent le mode de publication fondé sur la présomption légale, que chaque citoyen a connu ou pu connaître la promulgation de la loi avant le jour où elle devient obligatoire. Ainsi donc, partant du principe incontestable, que les lois sont exécutoires en vertu de la promulgation qui en est faite par le chef du pouvoir exécutif, et qu'elles doivent être exécutées du moment où cette promulgation a pu être connue, l'art. 1er du Code, dans son troisième alinéa, porte : «La promulgation, faite par le président de la République, sera réputée connue dans le département où siège le gouvernement un jour (franc) après celui de la promulgation, et dans les autres départements, après l'expiration du même délai, augmenté d'autant de jours qu'il y aura de fois dix myriamètres (environ vingt lieues anciennes) entre la ville où la promulgation en aura été faite et le chef-lieu de chaque département.»

Cette présomption légale satisfait la raison, et paraît ne rien laisser à désirer pour donner une connaissance complète de la loi. Chaque citoyen, en effet, avait dix jours pour connaître l'existence de la loi, par le *Moniteur* et les autres feuilles publiques dans lesquelles était inséré le décret d'émission de la loi; si donc il l'ignorait, il ne pouvait l'imputer qu'à sa propre négligence.

Examinons maintenant comment on est parvenu à organiser ce système. — Et d'abord, il a fallu se fixer sur la question de savoir si le délai serait uniforme, ou s'il serait varié et gradué suivant les distances.

Dans sa séance du 4 thermidor an IX, la section de législation du conseil d'État proposa la première de ces deux solutions; elle voulait «que la loi fût réputée obligatoire quinze jours après la promulgation faite par le premier consul[1].»

Son opinion était fondée sur ce que «l'uniformité du délai préviendrait la diversité des jugements sur les mêmes questions, et entre les membres d'une même cité, et les incertitudes locales sur l'époque de l'exécution de la loi, incertitudes qui sont une source de difficultés et de procès[2].»

On ne doit pas craindre, ajoutait la section, que l'uniformité du délai retarde l'exécution des lois urgentes, puisque le délai pourra, selon l'exigence des cas, être modifié par la loi qui sera l'objet de la publication.

A quoi l'on répondit :

1° Que l'uniformité du délai blesserait le principe d'après lequel la loi devient exécutoire, du moment qu'elle est connue; car, dans les lieux les plus rapprochés, la loi, quoique parfaitement connue, demeurerait sans exécution pendant un certain temps. La solution proposée ne présenterait donc qu'une fiction qui se trouverait démentie par la réalité;

2° Que le retard dans l'exécution ferait manquer le but des lois urgentes; il permettrait d'éluder les lois civiles dans l'intervalle qui séparerait le moment où elles seraient décrétées de celui où elle obligerait les citoyens. Si la possibilité d'abréger le délai est un remède à ces inconvénients, elle aurait aussi pour effet de rendre illusoire la disposition qui la fixe. «On serait, d'ailleurs, obligé de mettre sans cesse en délibération l'époque à laquelle la loi deviendra obligatoire; le délai général ne serait maintenu que pour les grandes lois civiles; il serait abrogé pour toutes les autres[3].»

1. Locré, Esprit du Code civil, tit. prél., 1re partie, n° 7.
2. Locré, ibid.
3. Locré, ibid.

Ces motifs firent décider que le délai serait varié et gradué suivant les distances. Un arrêté du gouvernement, sous la date du 25 thermidor an XI (13 juillet 1803), fixa les distances de la capitale à tous les chefs-lieux de départements, au moyen d'un tableau où ces distances se trouvent indiquées en myriamètres. Ce tableau, établi sur une base invariable et indépendante de la volonté de l'homme, permet à chacun de savoir facilement le jour précis où la loi deviendra obligatoire dans le département qu'il habite.

Ce n'est pas tout; on a dû : 1° régler le moment à partir duquel le délai commencerait à courir;

2° Fixer le lieu duquel on devait compter les distances, et celui auquel on devait s'arrêter;

3° Déterminer la durée du délai.

Sur le premier point, la question s'est élevée d'une manière fort sérieuse : à quoi sert, en effet, l'expiration d'un délai, si avant tout le point de départ n'est point connu? Les citoyens peuvent fort bien laisser expirer le délai, sans avoir été avertis du jour où il a dû commencer à courir.

Lors de la rédaction de l'art. 1er du Code civil, la section de législation proposa implicitement de faire courir le délai du moment de la promulgation, puisque l'art. 37 de la Constitution de l'an VIII fixait une époque à laquelle devait avoir lieu la promulgation; dès lors le point de départ était suffisamment indiqué. Il ne pouvait, du reste, y avoir divergence d'opinions à cet égard: la promulgation donnant à la loi son authenticité et la rendant exécutoire, il était évident que le délai après lequel elle serait exécutée, devait commencer du jour de sa promulgation.

La Charte de 1814 vint changer ce système; elle donna au roi (comme le fit celle de 1830) le pouvoir de sanctionner et de promulguer les lois sans publicité, et quand il le voudrait. Dès lors, l'art. 1er du Code civil ne pouvait plus recevoir son application.

Pour parer à cet inconvénient, il fut rendu une ordonnance royale en date du 27 novembre 1816; l'art. 1er de cette ordonnance fit dépendre la promulgation de l'insertion de la loi au bulletin et de son arrivée au chef-lieu du département. L'art. 2 attachait la publication à la présomption de publicité, après le délai d'un jour, depuis la réception du bulletin de l'imprimerie royale par le chancelier, ministre de la justice, qui devait «constater sur un registre spécial l'époque de cette réception.»

Ici encore reparaissait le même inconvénient que nous avons signalé plus haut; rien, en effet, n'avertissait les citoyens du jour de la réception du bulletin par le ministre; ils ignoraient donc le point de départ du délai. Le registre du ministre n'étant point public, personne ne pouvait en prendre connaissance. Toutefois, remarquons que, sur ce point, la législation actuelle a été modifiée; chaque numéro du Bulletin des lois porte en note la mention que la formalité dont il s'agit a été accomplie.

Ce mode de publication que l'on avait adopté comme *établissant davantage la publicité des lois,* laissait, au contraire, le peuple dans une ignorance complète de l'époque de la promulgation de la loi; il violait le principe fondamental, que les lois n'obligent que lorsqu'elles sont connues.

L'ordonnance contenait un autre vice : c'est qu'au lieu d'interpréter le Code, elle l'abrogeait réellement.

On reconnut l'injustice d'un tel mode de publication; le gouvernement, sur les représentations qui lui furent faites, réforma l'art. 4 de l'ordonnance de 1816, ainsi conçu : «Dans les cas et les lieux où nous «jugerons convenable de hâter l'exécution, les lois et ordonnances se-«ront censées publiées et seront exécutoires du jour qu'elles seront «parvenues au préfet, qui en constatera la réception sur un registre.»

En conséquence, une ordonnance additionnelle du 18 janvier 1817 a réformé cet article; cette nouvelle ordonnance porte : «Art. 1er. Dans «les cas où le roi jugera convenable de hâter l'exécution des lois et «ordonnances, en les faisant parvenir extraordinairement sur les lieux,

«les préfets prendront sur-le-champ un arrêté, par lequel ils ordonne-
«ront que lesdites lois et ordonnances seront imprimées et affichées
«partout où besoin sera.» — L'art. 2 ajoute «que lesdites lois et or-
«donnances seront exécutées à compter du jour de la publication faite
«dans la forme de l'art. 1er,» c'est-à-dire, du jour de l'affiche.

Mais l'insuffisance de ce mode, pour donner de la publicité à l'acte
duquel devait commencer à courir le délai légal, ayant été reconnue,
on est revenu à l'observation de l'art. 37 de la Constitution de l'an
VIII, qui faisait courir le délai du jour de la promulgation; c'est ainsi
que l'art. 1er du Code civil, alinéa 3, porte : «un jour après celui de la
promulgation.....»

Quant à la seconde question à savoir, de fixer le point de départ
pour le calcul des distances et le point d'arrivée, la section proposa
de prendre pour point de départ le lieu où se faisait la promulgation,
et pour point d'arrivée, le ressort de chaque cour d'appel. Il est évident que le lieu où avait été faite la promulgation, c'est-à-dire, le chef-
lieu du gouvernement, devait être le point de départ pour mesurer
les distances; c'est ce que porte l'art. 1er du Code civil, alinéa 3.

Mais, sur le point d'arrivée, on avait à choisir entre les chefs-lieux
de département et les chefs-lieux de cour d'appel. En préférant ces
derniers, qui sont moins nombreux, on simplifiait beaucoup l'exécution; on parvenait plus facilement à connaître l'époque à laquelle la
loi était devenue obligatoire dans chaque partie de l'État. Le conseil
d'État les adopta d'abord.

Ce système, tout simple qu'il fut, s'appropriait moins à la présomption sur laquelle repose le nouveau mode de publication; car le ressort d'une cour d'appel est tellement étendu, qu'on ne peut présumer que le jour où la notoriété de la loi est parvenue au chef-lieu,
elle le soit aussi aux extrémités, situées souvent à des distances consi-
dérables du centre. Le tribunat demanda donc que l'on prît pour
point d'arrivée le chef-lieu de chaque département; sa proposition
fut adoptée, et on l'inséra dans la rédaction de l'art. 1er.

Sur le troisième point, enfin, la section proposa de fixer le délai invariablement, par la loi même, en raison de l'éloignement de chaque cour d'appel ; système, qui avait l'inconvénient de subordonner la durée du délai à des divisions territoriales susceptibles de changements. D'ailleurs, l'évaluation des distances était purement réglementaire. Le conseil d'État adopta donc, en principe, que la loi se bornerait à poser une règle générale de proportion, pour déterminer le délai suivant les distances, et laissa au pouvoir réglementaire l'application de cette règle.

Cette règle générale, quelle serait-elle? C'est ce qui devint dès lors l'objet de la discussion ; et d'abord, on eut à établir : 1° le mode de supputation du temps ; 2° la proportion qui devait exister entre le temps et les distances.

Quant à la supputation du temps, elle pouvait être faite par heures ou par jours. Le premier mode semblait mieux se prêter à la graduation du délai ; il est rare, disait-on au conseil d'État, qu'un chef-lieu de cour d'appel ou de département soit distant exactement de 10, de 20, de 30 myriamètres du chef-lieu du gouvernement. Le calcul par heures fut d'abord adopté. Plus tard on reconnut que, dans la pratique, ce mode de supputation avait à peu près les mêmes inconvénients qui avaient fait rejeter l'uniformité du délai ; c'eût été supposer la loi connue, dans des lieux plus éloignés, à une époque où elle n'eût pas été présumée connue dans des lieux plus rapprochés. Les anciennes lois fixaient, d'ailleurs, les délais par jours.

Il a donc été décidé, sur la demande du tribunat, que le délai graduel serait supputé par jours. L'art. 1er, al. 3, porte en effet : «un jour...» Ce jour doit être franc, c'est-à-dire, que le jour de la promulgation n'est pas compris dans le délai, suivant la règle : *dies a quo non computatur in termino*. Ainsi, une loi promulguée à Paris, le 1er juillet, ne sera réputée connue que le 3 dans le département de la Seine.

Cette première question résolue, venait celle d'établir la proportion entre la durée du délai, qui est d'un jour, et les chefs-lieux de dépar-

tement. On sentit d'abord que si le délai graduel n'était point pré-
cédé d'un premier délai uniforme, on retomberait inévitablement
dans l'inconvénient qu'on avait voulu éviter en les graduant. Paris
étant le lieu de la promulgation, il est des chefs-lieux qui en sont tellement rapprochés que la loi y serait connue et devenue obligatoire
deux heures après avoir été promulguée, c'est-à-dire, dans un temps
évidemment trop court, pour qu'elle pût être connue dans tout le
département.

Le conseil admit donc un premier délai uniforme; on proposa de
le fixer à dix jours. Ce terme était trop long; car, si la durée de ce
délai, à raison de l'éloignement de chaque localité, ne devait pas être
assez courte, pour qu'il ne pût pas être probable que la loi fût connue
et parvenue dans les mains des fonctionnaires publics, au moment où
elle aurait acquis sa force d'exécution, on ne pouvait, d'un autre
côté, lui donner une si grande étendue, sans s'exposer de nouveau à
l'inconvénient, qu'on avait déjà prévu, de laisser la loi sans exécution
dans plusieurs localités, longtemps après qu'elle y aurait été connue.
En conséquence, ce délai fut d'abord fixé à vingt-quatre heures, puis
à trente-six; mais depuis, en adoptant la supputation du temps par
jours, on dût compter aussi par jour le premier délai; il fut fixé à
un jour. Il fallait déterminer le moment précis de l'échéance de ce
délai : il a été observé par les rédacteurs «que le mot *après*, employé
dans la rédaction de l'art. 1ᵉʳ du Code, ne laissait aucun doute sur le
dies termini; qu'il n'y aurait de doute que si l'on avait employé le mot
dans [1]. »

Il ne restait plus qu'à déterminer le délai graduel; il fut fixé à un
jour par *dix myriamètres*. — De telle sorte qu'il était facile de savoir à
quel moment une loi devenait obligatoire dans telle localité de la
France; il suffisait de jeter les yeux sur le tableau des distances, pres-
crit par l'arrêté du 25 thermidor an XI. Ainsi, supposons une loi pro-

1. Locré, sur l'art. 1ᵉʳ, tit. prél., 1ʳᵉ partie, n° 7.

mulguée à Paris le 1er juillet; elle est obligatoire le 3 dans le département de la Seine. Quand le sera-t-elle dans celui de la Côte-d'Or, dont le chef-lieu, Dijon, est distant de Paris de 30 myriamètres 5 kilomètres? Elle sera y connue cinq jours après celui de la promulgation, c'est-à-dire, le 6.

Que déciderons-nous à l'égard des fractions de myriamètres? — Devra-t-on en tenir compte ou les négliger? — Une première opinion consiste à les négliger, à n'en tenir aucun compte; elle se fonde sur le texte de l'article, à ces mots: *augmenté d'autant de jours qu'il y aura de fois dix myriamètres....* Or, dit-on, dans 34 ou 39, il n'y a pas 4 fois dix myriamètres; donc, le délai ne doit pas être augmenté de quatre, mais de trois jours seulement. — On argumente, en outre, *par induction*, d'un sénatus-consulte du 15 brumaire an XIII (6 novembre 1804)[1].

Une seconde solution décide qu'on doit avoir égard aux fractions de myriamètres, quelque minimes qu'elles soient; et à ajouter un jour pour 9 ou 2 myriamètres, comme pour 10.

1° On raisonne, *a contrario*, du texte qui présume que 10 myriamètres est le maximum de la distance que la loi peut parcourir en un jour, pour pouvoir être connue, et qu'au delà elle n'est point réputée telle; — 2° si l'on ne comptait pas les fractions, la loi serait réputée connue le même jour dans les départements voisins de celui du siége du gouvernement; pour ceux, du moins, dont le chef-lieu est distant de moins de 10 myriamètres du lieu de la promulgation.

Cette seconde opinion est la plus généralement appliquée. Nous n'hésitons pas à l'embrasser, admettant les motifs d'un arrêt de la cour de cassation, rendu dans une espèce où il s'agissait de l'application d'une loi du 4 mars 1831, relative à la composition des cours d'assises.

«Attendu...., dit la cour (ce sont les termes de l'arrêt), qu'il résulte

1. Toullier, t. Ier, sect. V, p. 68.

«de l'exposé des motifs du titre préliminaire du Code civil, fait par
«l'orateur du gouvernement au corps législatif, le 23 février 1803 (4
«ventôse an XI), que l'intention du législateur a été de graduer les
«délais d'après les distances; qu'en les graduant par jours, il a néces-
«sairement entendu et dû vouloir, que ces délais fussent augmentés
«de la même manière pour toute fraction excédant la distance ainsi
«fixée; que sa volonté se trouverait méconnue, s'il en était autrement:
«puisque ne pas prolonger le délai à raison de l'espace à parcourir,
«ce serait réellement diminuer le laps de temps, avant l'expiration
«duquel la présomption légale de publicité de la loi ne peut exister,
«et rendre celle-ci obligatoire; qu'on ne saurait induire *implicitement*
«le contraire d'un sénatus-consulte du 15 brumaire an XIII (6 no-
«vembre 1804), d'autant qu'il ne concerne qu'un cas particulier, et
«qu'il n'a pas statué par voie de disposition générale; que le délai fixé
«par l'art. 1er du Code civil et par l'ordonnance royale précitée (27
«novembre 1816), afin que les lois soient obligatoires dans chaque
«département, doit donc être augmenté, non-seulement d'un jour
«pour chaque distance de 10 myriamètres, mais encore d'un jour
«pour les fractions qui peuvent exister en sus d'un nombre de fois
«cette distance précise et déterminée [1].»

Cette jurisprudence nous paraît être une saine application de l'esprit dans lequel a été rédigé l'art. 1er. En effet, que veut le Code? — Il
veut que la loi, pour être obligatoire, pour que les citoyens puissent
être légalement contraints de l'exécuter, soit connue d'eux; or, n'est-
il pas évident que, dans une localité éloignée de Paris de 25 myriamètres, la loi mettra plus de temps pour y parvenir et y être connue
que dans une autre située seulement à 20 myriamètres? Si donc la loi
était obligatoire dans la première de ces deux localités, avant qu'elle
y fût raisonnablement réputée connue, ce serait violer le principe
fondamental, posé d'une manière si formelle par notre article dans
son deuxième alinéa.

1. Cassat., ch. crim., 16 avril 1831, Sir. I, 209.

Une autre question se présente : c'est celle de savoir si le délai de l'art. 1er est applicable aux *colonies*. Cette question a été agitée au sein du conseil d'État, lors de la discussion du Code. On a senti, en effet, qu'il était indispensable de mettre quelque différence entre le continent et les colonies ; les circonstances et les causes naturelles, telles que la contrariété des vents et des saisons, rendent l'arrivée de la loi dans ces contrées trop incertaine, pour qu'à leur égard le terme de l'exécution puisse être fixé à l'avance. Aussi résulte-t-il du texte même de l'art. 1er que la présomption légale ne s'applique qu'au *territoire continental* et non aux colonies.

Il fallait s'entendre sur la manière de fixer le délai pour les colonies ; les uns voulaient qu'il le fût par la loi elle-même ; les autres, par un règlement. Le premier consul proposa «de déclarer la loi exécutoire dans les colonies, du jour de son arrivée [1].» Il fut donc reconnu que le délai ne s'appliquait point aux colonies, que l'art. 64 de la Charte de 1830 déclare être régie par des règlements et des lois particulières, entre autres celle du 24 avril 1833.

On a dû prévoir aussi le cas d'impossibilité provenant de force majeure : invasion de l'ennemi, inondation ; obstacles qui, sur le continent même, seraient de nature à empêcher la notoriété de la loi de parvenir au peuple. La difficulté se trouve levée par l'application de la règle relative aux colonies ; et en argumentant de ces mots du texte : *pourra être connue*. En effet, l'art. 1er du Code n'établit qu'une présomption, *juris tantum*, qui, dans tous les cas, cède à la preuve contraire, à la certitude des faits ; or, la connaissance légale de la promulgation ne peut pénétrer dans un pays envahi ou avec lequel les communications sont interrompues.

Ceci ne s'applique, toutefois, qu'au cas où il y a interruption absolue, et non à celui d'un simple retard. Du reste, la disposition de l'art. 1er n'est pas exclusive, et ne s'oppose nullement à ce que le gou-

1. Locré, Esprit du Code civ., tit. prél., 1re partie, n° 8.

vernement, par l'envoi de courriers extraordinaires, devance l'époque où la loi est de plein droit réputée connue.

Comment et à quelle époque, la loi nouvelle oblige-t-elle les Français en pays étrangers ? — Ainsi, un Français, qui habite momentanément un pays étranger, sera-t-il tenu d'observer une loi nouvellement promulguée et publiée en France ? — Pour l'affirmative, on pourrait dire : l'art. 1er est absolu ; il établit une *présomption légale*, dont la nature est d'embrasser tous les cas particuliers. Il est, d'ailleurs, une raison d'intérêt général qui s'oppose à ce qu'on admette les réclamations de chaque individu prétendant qu'il a ignoré la loi ; ce qui en diminuerait la force exécutive. La loi ne peut prévoir tous les cas spécianx, elle trace une règle générale : *Jura non in singulas personas, sed generaliter constituuntur* [1]. Il en serait autrement s'il s'agissait d'une inondation ; car alors l'intérêt public se trouverait engagé.

Ces motifs ne sont pas de nature à nous faire admettre cette opinion qui est plus spécieuse que fondée dans la pratique. Mais nous tirons un argument *a contrario* du texte de l'art 1er : *dans tout le territoire français....* 1er al. : *chaque partie de la République....* 2e al. : *du département du siège du gouvernement, et dans chacun*, etc.... 3e al. : *qui dicit de uno, negat de altero ; inclusio*, etc.... Et nous concluons (ce que, d'ailleurs, nous indiquent et la raison et la logique), que le délai, dont l'échéance, graduée suivant les distances, entraîne la présomption légale de la notoriété de la loi, doit se restreindre dans les limites de la France ; c'est à la frontière de la République que s'arrêtent et le *but* et les *moyens* de publication.

Toutefois, il ne faut point induire de ce raisonnement que les lois, publiées en France, ne seront pas obligatoires pour les Français en pays étranger ; en effet, nous ne sommes plus sous l'empire de la présomption légale, dont l'application doit s'arrêter en deçà de la frontière française ; la seule chose dont nous ayons à nous occuper, c'est

---

1. Frag. 8, D. de legibus.

l'idée principale, essentielle de notre article; à savoir : «que la loi, pour être *obligatoire*, doit être *connue.*» Or, dans l'hypothèse que nous avons en vue, ce sera une question de fait, que les tribunaux auront à décider par application des règles de la raison et de l'équité, et d'après les circonstances, dont ils seront souverains appréciateurs. Ne serait-il pas, en effet, contraire au bon sens et à la logique d'imposer aux juges la nécessité d'appliquer la loi à des citoyens, qui n'auraient pas pu moralement la connaître? Au surplus, comme l'enseigne M. Toullier [1], la présomption légale de l'art. 1er n'est pas exclusive de la preuve contraire; elle doit céder à l'évidence des faits.

Pour savoir si tel individu est réputé avoir connu la loi récemment promulguée, et par conséquent, s'il est tenu de l'observer, est-ce le *fait* ou le *droit*, la *résidence* ou le *domicile* de ce particulier qu'il faut envisager? — En d'autres termes : Est-ce à la résidence ou au domicile qu'il faut appliquer la présomption légale de l'art. 1er?

Un premier système se prononce pour le *domicile*; voici comment on raisonne : L'art. 1er, dit-on, établit une règle fixe, générale, indépendante des circonstances particulières qui peuvent retarder la connaissance de la loi dans telle localité; or, ce but ne serait pas atteint si la présomption légale était subordonnée au fait purement accidentel de la résidence d'un citoyen hors de son domicile; c'est, ajoute-t-on, ce qu'on a voulu éviter. Aussi, la loi répute-t-elle présents dans chaque circonscription territoriale tous ceux qui y habitent.

Un second système résout la question en faveur de la résidence. Nous entrons avec conviction dans cette deuxième manière de voir, comme nous paraissant la seule raisonnable, la seule admissible. En effet, la loi nouvelle existe; elle est générale pour toute la France; la promulgation a constaté son existence d'une manière authentique au corps social, il ne s'agit plus que d'un simple fait, à savoir : la connaissance effective et réelle que tous les citoyens doivent être censés

1. Tome X, n° 62.

en avoir, pour être tenus de l'exécuter. Or, l'art. 1er, à cet égard, pré-sume deux choses : 1º que la loi promulguée à Paris le 1er août est connue le 3 dans le département de la Seine, qu'elle y est, par con-séquent, obligatoire ; 2º que le même jour, elle ne l'est point encore à Strasbourg. Donc, le citoyen de Paris, qui réside actuellement et ac-cidentellement à Strasbourg, n'est pas censé la connaître, tandis que celui de Strasbourg, à Paris, est réputé en avoir connaissance.

La première solution, que nous avons repoussée, fonde une pré-somption sur une autre présomption. Ce qui est contraire aux règles du Droit : car, qu'est-ce que le domicile, sinon le lieu où un individu est réputé être toujours présent pour l'exercice de ses droits civils? Mais, nous dira-t-on peut-être, vous supposez des cas exceptionnels où la résidence diffère du domicile. Le plus souvent, il est vrai, le domi-cile et la résidence se confondent ; et si la loi est réputée connue au domicile d'un individu, c'est précisément, parce que le plus souvent il est le même que la résidence. Le citoyen a-t-il pu connaître la loi, lorsqu'elle est parvenue au lieu de sa résidence? — Oui, c'est tout ce qu'exige la loi.

On peut nous faire une autre objection et nous dire : «vu la rapi-dité des moyens de transport, le Strasbourgeois (en restant dans l'exemple précité) se hâtera de quitter Paris et le département de la Seine, pour ne pas être soumis à la loi qui vient d'y recevoir sa force obligatoire.» Nous répondrons que c'est là une question de fait que les tribunaux auront à apprécier souverainement, et qu'ils devront décider d'après les circonstances qui auront donné naissance au procès.

DEUXIÈME PARTIE.

De l'abrogation des lois civiles.

La puissance qui a fait la loi peut aussi la détruire, l'anéantir, la remplacer par d'autres mieux appropriées aux besoins nouveaux de la société. Il n'appartient à personne de changer la loi, de la défaire; le législateur lui-même doit l'observer, tant qu'il ne l'a pas régulièrement abrogée. Représentant des intérêts généraux de la nation qui l'a élu et chargé de veiller au bien-être des citoyens, le pouvoir législatif peut, suivant le besoin des circonstances, abroger une loi pour lui en substituer une autre, ou simplement la modifier, en observant les formes tracées par la Constitution.

Voyons donc ce que c'est que l'*abrogation* d'une loi. — Et tout d'abord, distinguons l'*abrogation* de la *dérogation*. — Abroger une loi, c'est la détruire en totalité, l'anéantir; au contraire, déroger à la loi, c'est ne la détruire, ne la défaire qu'en partie; de telle sorte que les disposition maintenues continuent à rester en vigueur. La loi romaine signale déjà cette distinction : *Derogatur legi aut abrogatur; derogatur legi, cum pars ejus detrahitur : abrogatur legi, cum prorsus tollitur* [1].

Cela posé, l'*abrogation* d'une loi, c'est l'acte par lequel est elle détruite, anéantie, et cesse d'avoir une force obligatoire quelconque.

L'abrogation est expresse ou tacite :

1° Elle est expresse, lorsque la loi nouvelle porte textuellement, et en termes exprès, que la loi ancienne est rapportée, abolie, abrogée, ou autres expressions équivalentes. C'est ainsi que l'art. 7 du 30 ventôse an XII, sur la réunion des lois civiles en un seul Code, porte: «à

---

1. Frag. 102, D. de verb. sign.

«compter du jour où ces lois sont réputées exécutoires, les lois ro-
«maines, les ordonnances, les coutumes générales ou locales, etc.....,
«cessent d'avoir force de lois dans les matières qui sont l'objet des-
«dites lois composant le présent Code.» Ainsi, encore, l'art. 1er de la
loi du 8 mai 1816 déclare le divorce *aboli.*

L'abrogation expresse peut être conçue, soit en termes généraux,
lorsqu'un paragraphe final de la nouvelle loi abroge toutes les lois antérieures, contraires à ses dispositions, soit en termes particuliers,
lorsqu'elle abroge nommément telle loi précédente.

2° L'abrogation est tacite, lorsque les dispositions de la loi nouvelle
sont incompatibles, inconciliables avec celle de la loi ancienne [1]. Mais,
dans ce cas, il faut une contrariété formelle entre les premières et les
dernières; car les lois ne peuvent être changées, abrogées, sans de
graves considérations, sans nécessité. Cette règle, nous la trouvons
dans le Droit romain : *posteriores leges ad priores pertinent, nisi contrariæ
sint* [2]. Nombre d'auteurs enseignent cette doctrine.

Toutes les fois donc qu'il y aura possibilité de faire accorder, de
concilier les dispositions d'une loi avec celles d'une autre postérieure,
on devra le faire; car l'abrogation des lois ne se présume point, et le
législateur n'est pas censé avoir voulu empêcher la combinaison, la
fusion de deux législations [3]. *Hoc enim casu, non abrogantur priores, sed potius ad eas trahuntur, id est, cum eis commiscentur* [4].

Il est même d'usage, dit M. Duranton à l'endroit précité, d'insérer
dans la nouvelle loi la disposition expresse, que les précédentes conti-
nueront d'être en vigueur « dans tout ce qui n'est pas contraire à la
présente.» Et alors même que cette disposition n'existerait pas, elle
serait sous-entendue.

1. Cassat. 20 oct. 1809, Sirey, X, 1, 302.
2. Frag. 28, D. de legibus.
3. Cassat. 20 mars 1812, Sir. 1, 382; Duranton, t. Ier, p. 64; Zachariæ, t. Ier,
§ 29.
4. Poth., Pand. Just., lib. I, § 1er, note 2; de legibus.

En principe, la loi générale postérieure n'est point présumée abroger une loi spéciale : *Lex specialis per generalem non abrogatur* ; et l'abrogation tacite ne peut avoir lieu, en ce cas, à moins que l'intention du législateur ne résulte de la loi elle-même[1].

Lorsque la loi ancienne et la loi nouvelle statuent sur la même matière, et que la loi nouvelle ne reproduit pas une disposition particulière de l'ancienne, sans pourtant en prononcer expressément l'abrogation, on a demandé si cette disposition particulière était abrogée. La question a été résolue dans le sens affirmatif par la cour de cassation[2] et par un avis du conseil d'État du 14 août 1812. En effet, si, de ce que le législateur n'en prononce pas l'abrogation formelle, il n'est pas présumé vouloir empêcher la fusion des deux lois ; il n'en est plus de même, lorsque la loi, nouvelle crée sur une matière un système nouveau. Il ne serait pas prudent d'y mêler des dispositions hétérogènes de la loi ancienne.

Il est généralement admis que l'abrogation tacite résulte encore de la cessation des motifs de la loi, des circonstances pour lesquelles elle a été faite : *Cessante ratione legis, cessat ejus dispositio*[3]. Toutefois, il faut admettre cette opinion avec une certaine réserve ; car, il peut arriver que le motif principal ait cessé et que les motifs secondaires continuent à subsister, ou même que des motifs survenus depuis rendent cette loi susceptible d'une application non contraire à la volonté du législateur. L'existence des lois, en effet, leur force obligatoire, n'est pas nécessairement subordonnée à leurs motifs, qui d'ailleurs n'y sont pas indiqués.

Que déciderons-nous à l'égard de l'abrogation tacite d'une loi par l'usage ou la coutume, par la désuétude ou non usage ?

1. Merlin, Rép., v° Loi, § 9, n° 3 ; Demolombe, t. Ier, n° 127 ; Cassat. 24 avril 1809, Sir. 1, 222.

2. Cassat. 8 fév. 1840, Sir. 1, 281.

3. Merlin, Quest. de droit, v° Trib. d'appel, § 3 ; Demolombe, t. Ier, n° 129. En sens contraire : Zachariæ, t. Ier, § 29.

Et d'abord, il est évident qu'il ne s'agit que d'un usage contraire à la loi; car, pour ceux qui sont consacrés par des dispositions législatives, ils ont reçu du législateur lui-même leur force obligatoire.

Quant aux usages contraires à la loi, il est certains auteurs qui prétendent que l'usage ou la coutume peut, non-seulement interpréter, modifier la loi écrite, y suppléer, mais même l'abroger [1].

Les motifs qu'ils font valoir à l'appui de leur opinion sont les suivants; ils disent :

1° L'usage, quand il est sanctionné, approuvé par tous les pouvoirs publics, doit obtenir force de loi (*legem imitantur*); or, quand un usage est public, uniforme, général, ancien et réitéré depuis un long espace de temps; qu'il n'est pas, du reste, contraire au bon ordre, on ne peut pas raisonnablement dire que la puissance publique, que le législateur ne l'ait pas tacitement autorisé. — Ils invoquent aussi les textes du Droit romain : *Inveterata consuetudo pro lege non immerito custoditur . . . . . . Nam quid interest suffragio populus voluntatem suam declaret, an rebus ipsis aut factis* [2];

2° L'usage, en effet, n'est-il pas la meilleure expression des intérêts et des besoins de la nation? l'usage, c'est la loi qui se fait toute seule par la force même des choses;

3° La société serait exposée aux plus grandes perturbations, si une loi oubliée, violée depuis longtemps et par tous, pouvait tout à coup revivre et détruire, d'une manière rétroactive, tous les droits acquis sous la foi de l'usage contraire. N'est-il pas juste, au reste, que les mauvaises lois tombent pour être remplacées par des coutumes, par des usages qui leur sont préférables.

Malgré la force de ces arguments, nous ne pouvons, cependant, admettre cette opinion; nous ne pouvons reconnaître l'abrogation d'une loi par l'usage contraire, quand même il réunirait tous les caractères exigés par nos adversaires pour qu'il puisse produire cet effet.

1. Toullier, t. Ier, n° 152; Duranton, t. Ier, n°s 107-108.
2. Frag. 32, D. de legibus.

La puissance législative, qui seule peut faire les lois, peut seule les abroger : *ejus est abrogare legem, cujus est condere.* Nous allons justifier notre opinion par les considérations suivantes :

1° Le système que nous combattons n'est plus aujourd'hui conforme aux règles de la logique, comme il pouvait l'être autrefois, sous l'empire du droit coutumier et de notre ancienne monarchie. Ainsi, l'opinion qui consiste à admettre l'abrogation des lois par l'usage n'est point conforme aux principes constitutionnels qui nous régissent actuellement ; la volonté nationale qui fait la loi ne peut se manifester que suivant certaines formes et conditions déterminées par la Constitution.

Autrefois, le roi, qui réunissait à la fois le pouvoir législatif et le pouvoir exécutif, pouvait être présumé abroger tacitement la loi, dès qu'il tolérait un usage contraire. Mais il n'en est plus de même aujourd'hui que la puissance législative est séparée, essentiellement distincte du pouvoir exécutif et qu'elle est exercée par un certain nombre de représentants, élus par les suffrages de la nation, qui leur a donné mandat de faire les lois.

2° Ce système ébranle l'autorité des lois, puisqu'il engendre l'arbitraire, le désordre dans les transactions de la vie sociale. Comment, en effet, et à quel moment, les citoyens seront-ils avertis que la loi est abrogée par l'usage ? Qu'arrivera-t-il si, parmi les cours et les tribunaux, les uns appliquent l'usage, les autres la loi ? La cour de cassation, après avoir rejeté le pourvoi contre un arrêt qui aurait appliqué l'usage et violé la loi, devra-t-elle ensuite rejeter le pourvoi formé contre un arrêt qui aurait appliqué la loi au mépris de l'usage ?

3° Peut-on dire qu'il y a réellement une nécessité sérieuse à changer une loi par l'usage ? Quoi de plus facile, en effet, que d'obtenir le changement régulier d'une loi ? Si elle n'est plus conforme aux besoins, aux mœurs actuelles de la société, le pouvoir législatif a le droit de la réformer, de la modifier, de l'abroger ; c'est un droit qu'on ne peut lui contester. La Constitution du 4 novembre 1848 ne déclare-

t-elle pas (art. 39, 3ᵉ al.), que «chaque représentant a le droit d'initia-
«tive parlementaire, à condition qu'il l'exercera suivant les formes dé·
«terminées par le règlement?»

Tant que l'usage put faire la loi, il put aussi la détruire, la défaire ;
c'est ce qui avait lieu à Rome ; la maxime : *leges.............. per desuetudinem abrogantur* [1], était la conséquence de cette autre, *inveterata consuetudo
pro lege non immerito custoditur* [2]. Mais, dès que la coutume, l'usage a
cessé de pouvoir faire la loi, il fut aussi impuissant à l'abroger. C'est
une vérité qui a été proclamée unanimement par les auteurs récents [3]
et par la cour de cassation elle-même [4].

Chez les Romains, la puissance législative, sous la République, du
moins, était exercée par le peuple lui-même ; il importait peu, dès
lors, que sa volonté fût expresse ou tacite : *quid interest suffragio...* etc. [5] ;
il suffisait qu'elle fût constante pour être loi, et pour abroger les lois
antérieures. Sous le gouvernement impérial, qui succéda au gouver-
ment républicain, le pouvoir législatif appartint tout entier aux empe-
reurs. Nous voyons l'empereur Constantin décider, par une loi insérée au Code [6], que la coutume ou l'usage ne pouvait abroger la loi
positive.

Que se passe-t-il dans nos Etats modernes ? — Le peuple a remis à
des mandataires, à des délégués le soin de le régir, de veiller à ses intérêts : il peut révoquer son mandat ; c'est un droit qu'il tient de sa
souveraineté ; mais tant qu'il laisse aux représentants qu'il a choisis la
puissance qu'ils tiennent de lui-même, il doit s'y soumettre, il ne peut
qu'obéir.

1. Frag. 32, §. ɪ, D. de legibus.
2. Eod. loc.
3. Zachariæ, t. Iᵉʳ, § 29, p. 50 ; Demolombe, t. Iᵉʳ, nº 35 ; Marcadé, t. Iᵉʳ, nº 5 ;
Duvergier sur Toullier, t. Iᵉʳ, nº 162.
4. Cassat. 11 janv. 1841, Sir. 1, 105 ; Cassat. 25 janv. 1841, Sir. 1, 114.
5. Fragm. 32, § 1, D. de legibus.
6. L. 2, Cod. quæ sit long. consult.

«La nation, de qui seule émanent tous les pouvoirs, porte la Cons-
«titution de 1791 (tit. 3, art. 2), ne peut les exercer que par déléga-
«tion.» Ce principe, conforme aux plus saines notions de droit public, méconnu, il est vrai, par la Constitution de 1793, a été rétabli
implicitement par la Constitution de l'an VIII, et par les sénatus-con-
sultes des 16 thermidor an X et 28 floréal an XII.

Nous le retrouvons formulé dans la Constitution de 1848 (art. 18,
al. 1). L'art. 20 est ainsi conçu : «Le peuple français délègue le pouvoir législatif à une Assemblée unique.» En effet, c'est dans l'univer-
salité des citoyens que réside la souveraineté[1], et par conséquent le
droit éminent de faire la loi, qui est le principal caractère de la souveraineté. Ne pouvant exercer ce droit par lui-même, il délègue son
pouvoir à des mandataires. C'est ainsi que la Constitution de l'an III
définit la loi : «La volonté générale, exprimée par la majorité des ci-
«toyens ou de leurs représentants.» Dès lors, toute volonté qui n'émane
point de ce pouvoir suprême, n'est pas loi, et nul ne peut être con-
traint de l'exécuter comme telle.

De quel droit imposerait-on à un individu l'obligation d'exécuter
une règle qu'il ne voudrait point reconnaître, ni ratifier, et que le
peuple aurait établie lui-même au mépris de la Constitution? De quel
droit le priverait-on du bénéfice d'une loi existante, pour le contrain-
dre d'exécuter une règle différente, introduite par un usage contraire,
et à la formation de laquelle il n'a concouru ni par lui-même, ni par
ses représentants légaux? Ne pourrait-il pas dire, et avec raison : «Je
«ne dois être soumis qu'aux lois que j'ai pu connaître; or, je nie
«que j'ai pu connaître la coutume, l'usage dont vous réclamez l'exé-
«cution, et vous ne pouvez pas me prouver le contraire, puisque,
«n'étant revêtue d'aucune promulgation, d'aucune authenticité, elle
«ne m'a jamais été notifiée. Depuis quand existe-t-il cet usage dont
«vous parlez? A quelle époque a-t-il été obligatoire pour moi? Quelle

1. Constit. du 4 nov. 1848, art. 1er.

«est la place qu'il occupe dans nos Codes? Si vous ne pouvez me ré-
«pondre à ces questions, comment donc pouvez vous prétendre me
«soumettre à une loi que je dois regarder comme purement ima-
«ginaire?»

Allons plus loin; supposons que l'établissement d'un usage ne soit
pas contraire à la loi constitutionnelle ; et voyons si, dans ce cas même,
il devrait avoir force de loi. Ainsi, pourrait-on se fonder, par exemple,
sur ce qu'un usage est général, pour prétendre qu'il fait loi, parce
qu'il est à présumer qu'une partie des citoyens ne fait que le tolérer,
sans consentir à ce qu'il devienne obligatoire ?

Lorsqu'un usage commence à s'établir, il arrive, ou que personne
ne réclame contre son exécution, ou, au contraire, que plusieurs s'op-
posent à ce qu'il soit observé. Dans le premier cas, il n'y a pas lieu
d'examiner s'il fait loi ; car, à quoi bon? Dès qu'il n'y a pas contestation, il n'y a point d'intérêt à savoir s'il est ou non obligatoire.

Lors même que l'on envisagerait la question sous un point de vue
purement théorique, pourrait-on dire que le silence des citoyens fait
passer l'usage en force de loi ? Nous ne le pensons pas : en effet, de
même que toute disposition législative, un usage a pour but d'accorder des droits et d'imposer des obligations. Tous ceux à qui il accorde
des droits doivent être présumés consentir à son établissement, et
cela, parce qu'il est conforme à leur intérêt. Mais quant à ceux à qui
il impose des obligations, en est-il de même? Assurément non ; il est
précisément en opposition avec leurs intérêts ; par conséquent, il ne
peuvent être présumés y donner leur assentiment.

On ne doit pas nous objecter que le contraire résulte de leur silence ; car, s'ils n'élèvent aucune réclamation, c'est nécessairement, ou
parce qu'ils consentent à l'introduction de l'usage, ou par insouciance,
par pure tolérance, parce que leurs intérêts ne sont pas assez puissants pour s'exposer aux frais très-coûteux des procès. Or, on ne peut
pas présumer qu'ils consentent à l'établissement de l'usage, ils agi-
raient contre leur intérêt; d'un autre côté, si c'est par insouciance,

par tolérance, par défaut d'intérêt, on ne peut jamais reconnaître là la volonté de se soumettre à une obligation positive.

A la vérité, on ne voit là qu'une présomption , mais une présomption fondée sur la nature même des choses, sur ce principe reconnu dans tous les temps que, dans ses volontés, l'homme suit toujours son intérêt pour guide. Elle ne peut être détruite que par une preuve contraire et la nature de la question rend cette preuve impossible à administrer.

Si donc, on doit présumer que les personnes, pour lesquelles l'usage est préjudiciable, ne font que le tolérer, on ne peut pas dire qu'il soit général; et s'il n'est pas général, il n'est pas loi, puisque, d'après la doctrine de nos adversaires et la jurisprudence de la cour de cassation, il n'est loi que lorsqu'il est général.

Qu'on ne vienne pas nous dire que l'usage général existe, lorsque les tribunaux ont, pendant longues années, consacré telle ou telle règle. Leur avis, joint à celui des demandeurs auxquels ils font droit, forme la majorité des suffrages, laquelle est l'expression de la volonté de la nation.

Il nous est facile de répondre à une telle objection qui, en admettant le pouvoir judiciaire à concourir à la formation d'un usage qui abrogerait la loi, est évidemment contraire à nos principes de droit public et constitutionnel. En effet, reconnaître que l'usage a force de loi, déclarer qu'il peut abroger une loi positive, c'est faire un acte législatif; or, tout acte législatif est interdit par nos constitutions au pouvoir judiciaire. La Constitution de 1791[1] porte : «Les tribunaux ne peuvent..... suspendre l'exécution des lois.» — L'art. 203 de la Constitution de l'an III est ainsi conçu : «Les juges ne peuvent s'immiscer dans l'exercice du pouvoir législatif, ni faire aucun règlement; ils ne peuvent arrêter ou suspendre l'exécution d'aucune loi.» La Constitution de l'an VIII a maintenu ces dispositions ; enfin , l'art. 5

---

1. Titre III, chap. V, art. 6.

du Code civil défend aux juges de prononcer par voie de disposition générale et réglementaire sur les causes qui leur sont soumises. Or, décider qu'une loi peut être abrogée par l'usage, c'est prononcer par voie de disposition générale.

La sanction de ces dispositions se trouve dans l'art. 127, n° 9, du Code pénal.

Nous appliquerons, par identité de raison, ces raisonnements au cas où il s'agirait de l'abrogation de la loi par le non-usage ou la désuétude.

On a soutenu l'affirmative: «Les lois, a-t-on dit [1], sont sujettes à «tomber en désuétude........» On invoque en outre les textes du Droit romain, le Frag. 32, D. *de legibus*. M. Portalis [2] dit de même : «Les lois «conservent leur effet, tant qu'elles ne sont point abrogées par d'au-«tres lois, ou qu'elles ne sont point tombées en désuétude.»

La Cour de cassation a consacré plusieurs fois ce principe que, pour qu'une loi générale puisse être considérée comme abrogée et tombée en désuétude par le non-usage, il est nécessaire d'établir le non-usage dans toute l'étendue de l'État. En sorte qu'un tribunal ne peut, sans encourir la censure, appliquer au lieu de la loi un usage local et particulier à son ressort.

Nous répondrons d'abord que, si la cour de cassation a jugé que l'usage pouvait abroger la loi, elle n'a pas jugé que l'usage eût d'ailleurs le caractère d'une loi proprement dite; jamais elle n'a cassé pour contravention à un usage. D'un autre côté, si cette même cour a décidé que l'usage contraire pouvait abroger la loi, c'est qu'il s'agissait d'usages formés sous l'empire de notre vieux Droit français, lequel accordait aux parlements une certaine part dans la puissance législative; de telle sorte qu'un usage, consacré par de nombreux arrêts, avait un caractère tel qu'il devait paraître respectable, et que le peuple ne pouvait souffrir de cette erreur.

1. D'Aguesseau, t. IX, lettre du 2 nov. 1736.
2. Disc. prélim. du projet de Code civil.

S'il est de mauvaises lois qui sont tombées de fait en désuétude, leur inobservation peut se justifier en disant qu'elles sont virtuellement abrogées comme contraires au système de la législation actuelle ; on est dès lors dispensé de recourir à la prétendue autorité d'un usage, introduit contre la volonté du législateur, représentant de la nation.

Tout en reconnaissant la puissance des faits, l'influence des mœurs et tous les embarras enfin que peut produire dans la société la longue inexécution des lois, nous croyons que l'on doit, pour prévenir toute difficulté, rester fidèle à la maxime tutélaire : *Que toute loi doit être exécutée, tant qu'elle n'est point régulièrement abrogée par une autre loi.*

JUS ROMANUM.

De variis juris civilis antejustinianei speciebus.

PROŒMIUM.

Nobis primum, a primis Romæ initiis, breviter prosequenda est historia juris civilis antejustinianei originis ; deinde variarum ipsius specierum.

Initio civitatis Romæ, populus magis sola regum potestate et arbitrio, quam ex certis legibus gubernari cœpit. — Sed postea aucta civitate, Romulus ipse primas apud populum quem in trigenta partes , scilicet Curias, diviserat, leges tulisse dicitur.

Tulerunt et sequentes reges ; quas sine ordine latas, Sext. Papyrius, Superbo regnante, in unum composuit : unde *jus civile Papyrianum* hic liber appellatus est.

Post deinde exactos reges, omnes has leges abolevit *lex Tribunitia* (qua potestas Tribunitia constituta est) ; iterumque populus romanus incerto jure et consuetudine uti cœpit, per vigenti fere annos.

Tunc vero, publica auctoritate, id est, senatusconsulto dato, decem constituti sunt viri, qui a Græcis leges peterent ; tres tamen ex illis tantum, traditur, ad eas petendas profecti sunt ; quas quidem omnes collectas tulerunt : et perscriptas in Tabulas primum roboreas, deinde æreas, ante Rostra proposuerunt ut omnes cives eas facilius percipere possent.

Mox, cum intelligerent magistratus aliquid istis primis legibus deesse, sequenti anno, alias duo ad primas Tabulas adjecerunt ; ideoque *leges duodecim Tabularum* vocatæ sunt : quas interpretaverunt prudentes, unde *disputationes fori*.

Ex his legibus, fluere jus omne romanum civile cœpit.

Hoc autem jus constat aut scripto aut sine scripto : quæ sint ergo juris scripti primo, secundo juris non scripti variæ species, videamus.

CAPUT PRIMUM.

De jure scripto.

Jus scriptum est quod ex legibus, plebiscitis, senatusconsultis, principum placitis seu constitutionibus, magistratum edictis, responsisque prudentum venit.

§ I. *De legibus.*

Lex est quod populus romanus, senatorio magistratu interrogante, veluti consule, constituebat (Inst. lib. 1, § 4, de jure nat. gent. et civ.). Populus enim ipse nunquam, in faciendis legibus, earum provocandarum habuit facultatem, sed tantum illis ab uno e magistratibus, ex auctoritate Senatus rogatis suffragabatur, in centuriatis comitiis. Non autem major suffragiorum numerus ex numero civium intelligebatur, sed potius ex centuriarum.

Rogandæ legis hæc erat formula a magistratu adhibita : «*Rogo, vo « Quirites, ut velutis, jubeatis....* etc.»

§ II. *De plebiscitis.*

Plebiscitum est quod plebs; plebeio magistratu, veluti tribuno, interrogante, jubebat atque constituebat (Inst, lib 1, § 4, hoc titulo),
in comitiis tributis : in colligendis autem suffragiis individue nume-
rabatur quisque civium.

Plebs a populo eo distabat, quo species a genere : nam appellatione
populi universi cives, seu omnes Quirites, connumeratis etiam patri-
ciis ac senatoribus, significabantur. Plebis vero appellatione, sine pa-
triciis et senatoribus, cæteri cives intelligebantur (Inst. eod. loco.).

Unde olim plebiscitis se non teneri, quia sine auctoritate eorum
facta essent, patricii dicebant (Gaii, Instit. comment., 1, § 1).

Itaque evenit ut multæ plebem inter ac patres de his plebiscitis dis-
cordiæ nascerentur ; cumque plebs in collem Aventinum secessisset
(quæ quidem secessio secunda erat : prima enim in montem Crustu-
merium, qui postea sacer dictus est, facta est, ante latam XII Tabularum legem), duo consules, L. Valerius et M. Horatius, qui revocarent
eam, creati sunt. Tunc, curiatis comitiis vocatis, lata est lex Horatia,
anno Urbis 305, qua placuit : *ut quod tributim populus jussisset, populum
teneret* (Tit. liv. lib. III, cap. 55).

At patres, ne id observarent, se a populo distare dixerunt. Tum Pu-
blius Philo, dictator, legem, anno Urbis 414, tulit, qua statuit : *ut plebiscita omnes Quirites tenerent* (Tit. liv. lib. VIII, cap. 12).

Postea, ultimam discordiarum patrum ac plebis finem fecit lex Hor-
tensia, (tempore scilicet secessionis tertiæ in Janiculum rogata), qua
confirmatum est ut plebiscitis universus populus, id est, tam patricii
quam plebei, tenerentur. Itaque ex eo et eo modo, plebiscita legibus
exæquata sunt (Gaii, Instit. comment. 1, § 1); et pro legibus observari
cœperunt.

Et ita factum est ut plebiscita inter et leges nulla, nisi constituendi species, interesset : potestas autem eadem esset[1].

§ III. *De Senatusconsultis.*

Senatusconsultum est quod senatus , sine plebe , jubebat atque constituebat (Instit. lib. 1, § 5, de jure nat. gent. et civ.).

Senatusconsultorum primordia antiquissima ; verum novissime , sub imperatoribus, evenit ut vim legis haberent ; nam in libera republica, potestas legislatoria apud Senatum non fuit : quia tantum apud illum quædam erant negotia, scilicet publica, quæ ille , jussu populi, ad curam suam revocaverat ; ut ærarium , pecuniæ publicæ dispensatio, legationes decernendæ, indictio feriarum, convocatio populi ; reipublicæ denique administratio.

Cum vero auctus esset populus romanus., et plebs difficile convenire posset, multoque difficilius certe populus, in tanta turba hominum, in unum convocari, legis sanciendæ causa ; necessitas ipsa curam reipublicæ ad Senatum deduxit.

Ita Senatus se interponere cœpit, ac vice populi, consuli ; unde quidquid constituisset, appellabatur *Senatusconsultum* (Frag. 2, § 9, D. de orig. jur.). Id que jus observabatur ; nam legis vicem obtinebat ; quamvis fuit quæsitum (Gaii , Inst. comment. 1, § 2) ; quia plane sine concursu civium constituebantur senatusconsulta , quæ tamen pro jure publico tenebantur.

At, Ulpiani tempore, non ambigitur Senatum jus facere posse (Frag. 9, D. de Legibus).

---

1. Frag. 8, § 8, D. de origine juris. — Hæc igitur legem inter et plebiscitum potissimum notanda discrimina : Lex a superiore magistratu , scilicet senatorio , veluti consule vel dictatore ; plebiscitum a plebeio , scilicet ab uno e tribunis plebis (cui sorte aut consensu collegarum obtigisset), rogabatur. — Lex, suffragante universo populo ; plebiscitum , suffragante duntaxat plebe , rogabatur. — Leges in centuriatis comitiis et tributis simul ; plebiscita, nonnisi in tributis, rogabantur.

§ IV. *De Constitutionibus principum.*

Constitutio principis est quod imperator decreto, vel edicto, vel epistola constituit; nec unquam dubitatum est quin id legis vicem obtineat, cum ipse imperator per legem imperium accipiat (Gaii, Ins. comment. 1, § 3).

Nam, cum Reipublicæ Imperium successisset, apud principem, loco populi, venit legislatoria potestas; et ita, quod principi placuit, legis habuit vigorem.

Etenim, lege quadam regia, quæ de ejus imperio lata est, populus ei et in eum omne imperium suum ac potestatem concessit. Quodcumque ergo imperator, per epistolam constituit, vel cognoscens (id est, causa inter partes cognita), decrevit, vel edicto præcepit, vel de plano interlocutus est, legem esse constat (Instit. lib. 1, § 6, de jure nat. gent. et civ.). Hæc sunt quæ constitutiones, sive etiam placita, appellantur.

Plane ex his quædam erant personales, quæ ad exemplum non trahebantur, quoniam non hoc princeps volebat : nam quod alicui ob meritum indulsit, vel si quam pœnam irrogavit, vel si cui sine exemplo subvenit, personam non transgrediebantur : quæ quidem privilegia [1] dicebantur (Instit. lib. 1, § 7, de jure nat. gent. et civ.).

Aliæ autem, cum generales sint, omnes procul dubio tenent (Instit. eod. loco.).

§ V. *De edictis magistratum.*

Jus edicendi habent magistratus populi romani; sed amplissimum jus est in edictis duorum prætorum, Urbani et Peregrini; quorum in provinciis jurisdictionem præsides earum habent.

---

1. Privilegium autem a lege in ea re differt, quod lex in commune, privilegium vero circa singularem personam præcipit.

Item in edictis Ædilium Curulium, quorum jurisdictionem in provinciis populi romani quæstores habent : nam in provincias Cæsaris omnino quæstores non mittuntur, et ob id hoc edictum, in provinciis non proponitur (Gaï. Instit. comm. 1, § 4).

Jus autem ab istis magistratibus conditum, *honorarium* vocatur, quod qui honores seu magistratus gerunt, auctoritatem huic juri dederunt (Instit. lib. 1, § 7 de jure nat. gent. et civ.).

Prætorium jus potissimum dicitur, quod a prætoris jurisdictione venit; et in eo ab *honorario* distat.

Hoc ergo jus prætores introduxerunt adjuvandi, vel supplendi, vel corrigendi juris civilis gratia, propter utilitatem publicam (Frag. 7, § 1, D. de Justit. et jure). Ideoque jus honorarium viva vox juris civilis fuit; et haud minorem quam lex XII Tabularum auctoritatem obtinuit. Sed paulatim, tam ex usu hominum quam ex constitutionum emendationibus, cœpit in unam consonantiam jus civile et prætorium jungi.

Utque scirent cives quod jus de quaque re quisque dicturus esset, seque præmunirent, edicta proponebant in albo prætores (Frag. 2, § 10, D. de orig. jur.).

A principio, consules, ex utroque corpore (scilicet e plebe et patribus), creati, jus dicebant in civitate. Sed cum avocarentur bellis finitimis, neque esset qui in civitate jus diceret; factum est ut prætor crearetur, qui *Urbanus* appellatus est, quod in *Urbe* jus redderet (Frag. 2, § 27, D. eod. titulo.).

Post aliquot deinde annos, non sufficiente eo prætore, quod multa turba etiam peregrinorum in civitatem veniret, creatus est et alius prætor, qui *Peregrinus* appellatus est ab eo quod plerumque inter peregrinos jus diceret (Frag. 2, § 28, D. eod. titulo.).

Quæ edicta primum, intra magistratibus functionem, mutari solebant; et ideo *repentina* vocabantur. Sed lege Cornelia, anno Urbis 687 lata, cautum est ut ex edictis perpetuis jus dicerent prætores; unde edicta *perpetua* seu *annua* vocata sunt.

Nunc breviter loquamur de *Edicto perpetuo.* Cum ergo ad aliquem modum aucta essent edicta prætorum, ea ordine colligere placuit.

Itaque Salvius Julianus, divo Adriano imperante, in unum composuit omnia edicta, antea proposita : ex quo edicto perpetuo jusdicere prætores, S. Juliano subsequentes, cogebantur. Imo, in scholis hoc introductum est, ad hauriendam juris disciplinam.

Proponebant et Ædiles Curules edictum de quibusdam causis, quod et ipsum juris honorarii portio est (Instit. lib. I, § 7, de jure nat. gent. et civ.). Potissimum autem de rebus municipalibus jus dicebant; namque emporiis et ædibus præerant.

Verbi gratia, ergo dicamus dequibus edicto ædilitio rebus agatur. Labeo enim scribit : Edicto ædilium curulium de venditionibus rerum esse, tam earum quæ soli sint, seu immobiles, quam earum quæ mobiles, aut motum in se non habentes, aut se moventes, ut animalia et servi. Causa talis edicti proponendi erat, ut occurratur fallaciis vendentium, et emptoribus occurratur, quicumque decepti a venditoribus fuerint (Frag. 2, pr., D. de ædilit. edict.).

Quod si venditor dolo non pronuntiaverit vitia ac morbos servi aut animalis, tum redhibitioni locus erat. — Item, si quid venditor de mancipio affirmaverit, idque non ita esse emptor quæratur, aut redhibitorio, aut æstimatorio, id est, quanto minoris, judicio agere poterat (Frag. 1, § 2, D. æod. titulo).

§ VI. *De responsis prudentum.*

Responsa prudentum sunt sententiæ et opiniones eorum quibus permissum erat de jure respondere (Instit. lib. I, § 8, de jure nat., etc.), sive etiam jura condere (Gaii. Instit. comm. 1, § 7). Nam antiquitus constitutum est, ut essent qui jura publice interpretarentur; quibus a Cæsare jus respondendi datum est; et qui *jurisconsulti,* seu *prudentes* appellabantur (Inst. lib. I, § 8, de jure nat., etc.).

Quorum ergo omnium si in unum sententiæ concurrerent, id quod

T.   6

ita sentiebant legis vicem obtinebat; eamque auctoritatem habebant,
ut judici ab eorum responso recedere non liceret. Quod si vero dissen-
tiebant, judici licebat, quam vellet, sententiam sequi. Id enim constitutum erat divi Adriani rescripto (Gaii. Inst. comm. 1, § 7, et Inst.,
§ 8 ; eod. titul. quo supra).

CAPUT SECUNDUM.

De jure non scripto.

Jus non scriptum est quod usus, vel consuetudo civium, e tacito
legislatoris consensu, comprobavit; et quod etiam ex rebus judicatis
venit.

§ I. *De consuetudinis auctoritate.*

Est etiam juris civilis species consuetudo; nihil enim differt scrip-
tura an ratione jus consistat; et hoc jus est quod dicitur moribus
constitutum. Nam diuturni mores, seu *mores majorum*, ususque lon-
gævi non vilem in jure civili condendo auctoritatem habuere; etsi
non omnium quæ a majoribus constituta sunt, ratio reddi potest
(Frag. 20, D. de Legibus).

Inveterata consuetudo pro lege non immerito custoditur. Nam cum
ipsæ leges nulla alia ex causa omnes teneant, quam quod judicio populi receptæ sunt; merito et ea quæ sine ullo scripto populus proba-
vit, tenebunt omnes : nam quid interest suffragio populus voluntatem
suam declaret, an rebus ipsis et factis?

Rectissime etiam illud receptum est, ut leges, non solum suffragio
legislatoris, sed etiam tacito consensu omnium per desuetudinem
abrogentur (Frag. 32, § 1, D. de Legibus).

§ II. *De rebus judicatis.*

Auctoritas rerum perpetuo similiter judicatarum species quoque juris civilis non scripti, haud secus quam longa consuetudo.

Definitio rei judicatæ hæc est: Res judicata dicitur, quæ finem controversiarum pronuntiatione judicis accipit; quod vel condemnatione vel absolutione contingit (Frag. 1, D. de re judic.). Id est, res judicata dicitur, quum causa per judicem absoluta est.

DROIT ADMINISTRATIF.

—◦◦◦—

Des principes généraux de l'organisation administrative en France.

———

L'administration publique, telle qu'elle est organisée aujourd'hui en France, a pour fondement l'*unité politique*, qui elle-même a pour base l'*unité territoriale*. Quel est, en effet, le but de toute institution politique? C'est de faire le bonheur des peuples, de les rendre forts et puissants; or, l'unité, on le sait, c'est la force, la puissance. C'est aussi le bonheur de la société. Chaque nation a son humeur, son caractère propre; le nôtre tend à l'unité.

Pénétrée de l'autorité de ces grands principes, l'Assemblée nationale de 1789, après avoir posé les premières bases de la nouvelle Constitution du pays, créa et organisa, sur les ruines de l'ancienne monarchie, un nouveau corps politique, fondé sur la représentation nationale et l'administration intérieure.

Avec les derniers vestiges de la féodalité, elle fit disparaître les anciennes divisions de la France, qui ne présentaient aucune combinaison politique, aucune proportion entre elles, ni sous le rapport de la population, ni sous le rapport de l'étendue du territoire. Cherchant à éteindre l'esprit de province, esprit individuel, parmi les membres de l'État, qui, sous l'influence de pouvoirs distincts et indépendants les uns des autres, eussent infailliblement entrepris de résister ensemble ou séparément au chef du pouvoir exécutif, elle dût réunir ces divers éléments et les subordonner au *grand tout national*.

Ce fut l'œuvre de la centralisation, principe essentiel, fondamental, dans lequel notre administration publique puise toute sa puissance d'action. C'est elle qui a résolu le grand problème de l'unité dans le territoire, la législation, le gouvernement; la centralisation explique la France administrative : c'est un fait moderne, un fait compliqué, qui était inconnu aux politiques de l'antiquité [1].

Ce n'est pas seulement dans l'existence d'un pouvoir central, attirant à lui toutes les affaires publiques, que consiste la centralisation : ce pouvoir central existe dans la plupart des États. En Angleterre, par exemple, le parlement est à la fois législatif, administratif et judiciaire. Elle consiste dans l'existence d'un pouvoir destiné à imprimer à toutes les parties du pays une direction uniforme, à leur assurer la jouissance des mêmes avantages, à leur imposer les mêmes charges [2].

Appliquer à l'administration le principe de l'unité, ce principe que la France a travaillé pendant plusieurs siècles à introduire dans ses lois, dans son gouvernement, dans toute son organisation intérieure, et que la révolution de 1789 a définitivement consacré : tel est l'objet de la centralisation. Ce système a introduit en France la rapidité et la sûreté de l'action administrative, et avec elle la force, la régularité, l'harmonie et l'unité d'ensemble, qui font la force et la gloire de nos institutions politiques. Ce système, enfin, assure et garantit l'indépendance nationale.

Il est du devoir de tout gouvernement libéral de prendre l'initiative

1. Cormenin, Cours de droit administratif, Introd.
2. Vivien, Études administr., n° IV.

des mesures qui contribuent le plus au progrès des mœurs, au déve‐
loppement des principes de justice, d'humanité, de charité publi‐
que, heureux fruits d'une civilisation avancée. Or, pour réussir dans
cette noble tâche, le gouvernement n'a point d'instrument plus
certain, et en même temps plus nécessaire que la centralisation. Les
pouvoirs locaux, en effet, ne sont pas toujours exempts de préjugés,
ni capables de s'élever aux hautes pensées de la science gouvernemen‐
tale; et d'ailleurs, que d'obstables secondaires ne viennent pas se
jeter sans cesse à l'encontre de leur gestion! Le pouvoir central, au
contraire, conçoit en même temps qu'il décide; exécute en même
temps qu'il ordonne.

La centralisation n'engendre pas partout et sous tous les gouverne‐
ments la liberté; mais, au moins, elle produit, même sous les despotes,
l'égalité, ce besoin si puissant de tous les peuples, ce besoin si émi‐
nemment français. N'est-ce pas elle, en effet, qui a introduit en France
l'égalité de tous les citoyens devant la loi, l'égale admissibilité de tous
les Français aux emplois publics, la libre circulation des personnes et
des denrées, l'uniformité de l'impôt, l'extinction de tous droits féo‐
daux, l'abolition des castes et corporations, etc.?

Le besoin de la centralisation est si impérieux que les révolutions
n'y portent aucune atteinte; elles en changent la forme et les moyens,
mais elles en respectent l'objet.

On s'accorde assez généralement à reconnaître les avantages im‐
menses produits par le système de la centralisation; mais, comme
tous les systèmes, il a ses inconvénients, qui ont donné matière à de
nombreuses critiques. — Ainsi, on l'a accusé d'avoir dépassé les bor‐
nes dans lesquelles il eût pu être renfermé, sans compromettre la sû‐
reté de l'État, sans entraver l'exercice d'une bonne administration.

On a dit qu'il sacrifiait trop le reste du pays à la capitale; qu'il
multipliait trop les rouages, les employés, les communications hiérar‐
chiques des services administratifs, les paperasses et les écritures;
qu'elle embrassait, enfin, une foule d'affaires, dont le soin devait être

laissé soit aux autorités locales, soit aux représentants électifs des citoyens, plus rapprochés des faits, plus capables d'en apprécier l'ensemble et les détails.

Ces objections sont peu fondées ; que l'on réfléchisse, en effet, de
bonne foi, à la quantité et à la nature des affaires qui s'agitent dans
les moindres centres de population, on sera convaincu que la plupart
se rattachent, par un lien intime, aux principes les plus importants
de notre droit public. Pour le moindre impôt communal, ne doit-on
pas avoir égard aux régles de répartition et de perception établies par
la loi ? Eh bien ! ira-t-on, au mépris des intérêts généraux, confier un
pareil soin à un maire, à un conseil municipal, dont la négligence, le
mauvais vouloir, l'ignorance même, pourrait les compromettre?

Les conseils électifs, loin d'offrir de grandes garanties, sont souvent
entraînés à dépasser les limites de leurs attributions, souvent même
tentés d'entrer en lutte avec le pouvoir central. Plus ils sont indépendants, plus ils doivent être surveillés et contenus.

La centralisation touche donc à la fois à la garantie du pays, aux
principes de liberté, d'égalité devant la loi, aux progrès de réformes
administratives et économiques.

Toutefois, ce système, poussé à ses plus extrêmes limites, devien-
drait inutile et dangereux même pour la sûreté du gouvernement, la
liberté des citoyens et la bonne gestion des intérêts locaux.

Les critiqnes dont elle a été l'objet, portent moins, il faut le
dire, sur le principe en lui-même, que sur l'application qu'il reçoit,
que sur la forme sous laquelle s'exerce son action. Quant aux obstacles apportés à l'expédition d'un grand nombre d'affaires, quelque-
fois très-urgentes, ils ne proviennent d'autre cause que des rouages
trop compliqués de notre système administratif; on introduit dans
les procédés administratifs les détails minutieux des affaires judiciaires,
garanties précieuses, sans doute, pour les intérêts privés, mais qui, en
matière d'intérêt public, sont une source de retards et d'embarras.
Les résolutions pourraient être prises avec moins de lenteur, sans que

l'examen fût moins complet. La mission de l'autorité supérieure devrait être plutôt de surveiller les agents inférieurs, que de prendre part elle-même à l'action.

On a aussi reproché à la centralisation d'appliquer indistinctement les mêmes règles à toutes les parties du territoire français, malgré les différences naturelles qui ne peuvent s'effacer, et auxquelles on doit nécessairement avoir égard.

Cette réclamation légitime a été écoutée; les lois sur la chasse du 3-4 mai 1844, et sur les chemins vicinaux du 21 mai 1836, ont autorisé les préfets, de concert avec les conseils généraux, à prendre des arrêtés, à faire des règlements spéciaux et distincts dans chaque département. Rien, en effet, ne s'oppose à ce que l'administration, dans ses règlements, fasse la part, non des coutumes locales, que l'on doit s'efforcer de faire disparaître du sein de l'unité nationale, mais des diversités inévitables sur un vaste territoire, couvert par une immense population.

Le système de la centralisation a pour complément deux autres principes : l'*unité d'action*, confiée à un agent unique; assistance d'un conseil électif, placé près de l'agent, et dont la mission est de *délibérer*. Les conséquences de ces deux principes sont faciles à concevoir; l'administration est soumise à trois conditions essentielles : elle doit être prompte, énergique et responsable; la lenteur la paralyse, la faiblesse l'énerve, le défaut de responsabilité ouvre la porte à tous les abus. Or, les pouvoirs collectifs manquent de ces trois conditions; ils délibèrent, quand il faut agir; le temps se perd en discussions. Dans tout corps, il y a nécessairement une minorité et une majorité; de là, une diversité d'opinions qui amène presque toujours des transactions et des résolutions manquant de fermeté; la responsabilité, se partageant entre plusieurs, s'efface et disparaît.

L'action se concilie si peu avec la délibération que, par la force des choses, ces autorités collectives, dominées par le besoin impérieux de l'unité, finissent par répartir le travail entre leurs membres; de plus, il arrive aussi qu'un des membres, plus influent que les autres, plus habile qu'eux, prend la haute-main dans les affaires qui leur sont confiées, les décide à lui seul; prend, en un mot, toutes les mesures nécessaires. Et la conséquence de tout cela, c'est de détruire la garantie qu'offre la délibération, sans la remplacer par celle de la responsabilité, qui ne peut s'attacher à des actes, faits en réalité par un seul, mais placés sous le nom de plusieurs.

En organisant le nouveau système administratif, l'Assemblée constituante de 1789[1] avait, à tous les degrés de la hiérarchie, confié le pouvoir à des autorités collectives. Les événements démontrèrent la lenteur de ce régime, sous lequel l'autorité locale se trouve sans vigueur, le pouvoir central sans influence, et les intérêts privés sans aucune garantie. La loi du 28 pluviôse an VIII rétablit l'unité d'action dans la gestion administrative, et avec elle la responsabilité.

Le principe de l'unité d'action est donc une des bases de notre organisation administrative. Toutefois, cette action doit s'exercer avec prudence, avec réflexion : qu'un seul agent en soit chargé, c'est l'intérêt de l'État.

Mais si l'administrateur cédait au caprice, ou manquait des lumières suffisantes, son énergie même serait dangereuse pour la société. Il ne peut pas toujours se former lui-même une conviction avant de se prononcer sur une affaire qui lui est soumise ; il faut peser la valeur des divers éléments de décision, se livrer à une étude approfondie de tous les documents possibles ; envisager la question sous toutes ses faces. Or, un examen personnel n'est, le plus souvent, que très-superficiel. Il est bien évident, d'ailleurs, que le fonctionnaire public, préoccupé par les soins de l'exécution, son principal mandat, ne peut se livrer à un pareil travail. Il a besoin de l'assistance, du concours d'autres personnes, qui lui prêtent l'aide de leur propre examen, lisent les pièces, discutent les intérêts, et se forment une opinion par la discussion.

1. Loi du 22 décembre 1789.

Telle est, en effet, la mission des conseils électifs et délibérants, placés, presqu'à chaque degré de l'échelle administrative, auprès des représentants actifs de l'administration. Ces conseils sont simplement consultatifs ; ils ne participent nullement à l'action. Ils se bornent à donner leur avis, qui ne fait point loi, et qui n'est que le dernier élément de l'instruction.

De cette manière, la maturité de l'examen se concilie avec la vigueur de l'action, et la responsabilité reste toute entière. L'État et les particuliers jouissent à la fois des avantages de la délibération et de l'unité d'action.

Examinons comment fonctionne le système de la centralisation ; quels sont les agents qui mettent en application les trois grands principes que nous venons de poser ; en d'autres termes, établissons la hiérarchie des pouvoirs administratifs. Au centre, se place le chef du pouvoir exécutif, le président de la République, agent suprême de l'administration ; à côté de lui, les ministres secrétaires d'État, à la tête de chacune des grandes branches de l'administration générale : ces agents suprêmes impriment le mouvement et la vie à tout le corps politique. Au-dessous d'eux, viennent les agents secondaires, attachés à chacun des services spéciaux de l'administration. Dans chaque grande division territoriale, un agent supérieur, qui reçoit l'impulsion directement des ministres, c'est le préfet ; dans chaque division intermédiaire, un agent qui transmet et surveille l'exécution des mesure émanées du centre, c'est le sous-préfet ; enfin, dans chaque division inférieure, un agent, le dernier de la série, qui se fait entendre du peuple lui-même auquel il transmet les ordres supérieurs, c'est le maire.

C'est ce qu'on a fort bien dit : «Le gouvernement veut, le ministre «ordonne, le préfet transmet, le maire exécute [1].

Ainsi, le maire obéit au sous-préfet ; le sous-préfet au préfet ; le

1. Cormenin, Cours de droit administr., Introd.

préfet au ministre. La responsabilité des ministres garantit les citoyens contre les vexations de l'agent secondaire ; et l'amovibilité de l'agent garantit l'indépendance de la responsabilité ministérielle. Chaque ministre répond, dans sa personne, des actes spéciaux de son département ; et les ministres sont solidairement responsables des délibérations qu'ils prennent en commun.

Près de chaque agent se trouve un conseil spécial, destiné et toujours prêt à l'éclairer sur les difficultés qu'il peut rencontrer dans l'exécution des lois.

Quels sont les actes au moyen desquels s'exerce la gestion de ces différents agents ?

L'administration centrale s'exerce sous deux formes : 1° elle prend des décisions, donne des ordres, fait, en un mot, des actes d'autorité ; 2° elle nomme et révoque les agents inférieurs, qui doivent la représenter à chaque degré de la hiérarchie.

Le président de la République fait des règlements d'administration publique, rend des décrets qui ont pour but unique d'assurer l'exécution des lois, dont l'office, comme l'a dit M. Portalis [1], est de poser les règles fondamentales et d'établir les formes essentielles de l'exercice des droits.

Aux règlements administratifs appartiennent les détails d'exécution, les précautions provisoires ou accidentelles, en un mot, toutes les affaires qui exigent bien plus la surveillance de l'autorité administrative que l'intervention du législateur.

Les règlements sont des actes de magistrature, les lois, des actes de souveraineté, rentrant dans les pouvoirs de l'Assemblée, élue par les suffrages universels. Au président seul, le premier magistrat de la République, appartient exclusivement le droit de faire des règlements. Les autres fonctionnaires publics, en principe général du moins, n'y ont aucune part. Ces actes sont, en effet, d'une trop haute importance,

1. Disc. prél. du projet de Code civil.

touchent de trop près aux intérêts les plus précieux de la nation, pour les abandonner à des magistrats inférieurs, qui, vu leur position subordonnée et restreinte, sont moins capables d'embrasser l'État dans tout son ensemble.

Il y a des règlements généraux, c'est-à-dire, qui intéressent la généralité des citoyens, et des règlements spéciaux, locaux, qui ne disposent que pour une certaine localité, ou même pour un cas spécial. Quant aux premiers, ils ne peuvent émaner que du chef de l'État, chef suprême de l'administration.

Les règlements spéciaux et locaux rentrent dans les attributions des autres agents : le président de la République ne peut, en effet, se trouver partout, pourvoir à la fois aux circonstances que fait naître la diversité des lieux et des mœurs, et qui, en outre, requièrent presque toujours célérité. Toutefois, ces règlements sont soumis au contrôle, à la révision des ministres et du président lui-même, qui peuvent les révoquer, les annuler.

La raison en est facile à concevoir : chacun de ces actes pouvant donner lieu à l'application du principe de la responsabilité ministérielle, chaque ministre doit avoir le droit d'exercer un contrôle sévère sur tous les actes des agents, ses subordonnés, afin lui-même d'éviter la censure de la Chambre législative et du président de la République.

Parmi les règlements d'administration publique, les uns ont pour but de développer les actes législatifs, pour en faciliter l'application ; ils rentrent dans la nature du pouvoir exécutif, dont ils sont la principale attribution. Il y en a d'autres qui sont de véritables dispositions législatives, que les administrateurs exercent en vertu d'une délégation du législateur lui-même. Ils sont faits surtout pour des matières spéciales, où il s'agit de règles fondamentales à établir, ou de formes essentielles à déterminer, qui exigent des connaissances locales et techniques, dans les détails desquelles le législateur n'aurait pu entrer. Tel est le motif de cette délégation.

Ainsi, ces règlements sont ce que l'on peut appeler des lois secondaires.

Quel que soit, du reste, leur objet, les règlements d'administration publique se caractérisent par quatre conditions :

1° Ils embrassent une certaine généralité dans leur objet ;

2° Ils s'étendent dans l'avenir par leur prévoyance ;

3° Ils sont impératifs et obligatoires pour tous ;

4° Enfin, ils sont délibérés en conseil d'État, en assemblée générale. Ils prennent alors le nom d'*arrêts*[1].

Quant aux *litiges administratifs*, aux contestations qui peuvent s'élever, dans l'application de ces lois et règlements d'administration, ils sont de la compétence exclusive des tribunaux administratifs ; eux seuls sont chargés de décider les questions d'intérêt général, lorsqu'elles se trouvent en opposition avec les intérêts privés, qu'elles froissent. C'est ce qu'on appelle le *contentieux administratif*.

C'est qu'en effet on a dû dégager les contestations administratives des formes lentes et souvent embarrassées des tribunaux judiciaires ; la justice administrative agit avec plus de latitude dans l'instruction, plus de rapidité dans les moyens d'exécution. De là, la nécessité d'une juridiction spéciale, qui ne peut être placée qu'au sein même de l'administration, plus capable d'apprécier les motifs des lois, qu'il s'agit d'appliquer, les causes des actes, qui sont de sa compétence. Les décisions rendues par cette juridiction extraordinaire prennent le nom d'*arrêts*.

Disons, en terminant, quelques mots sur ce qu'on appelle les *conflits administratifs*.

Pour éviter que les tribunaux judiciaires n'attirassent à eux toutes les affaires administratives, on a dû donner à l'autorité administrative le moyen, mais un moyen régulier, de revendiquer la décision des question de sa compétence exclusive.

---

1. Gérando, t. Ier, p. 119 et 120, 1re édit.

Cette revendication et l'acte par lequel elle s'opère se nomment un *conflit d'attributions;* parce qu'en effet la revendication fait naître un débat, un *conflit*, entre deux autorités, deux puissances, dont l'une prétend retenir, l'autre attirer à elle la contestation, en vertu des attributions générales ou spéciales qui leur sont conférées par les lois.

Ainsi, pour nous résumer : l'administration française a pour base l'unité politique; elle est subordonnée au pouvoir législatif, dont elle a pour mission principale de mettre les volontés à exécution, mais elle exerce des droits qui en sont distincts : elle le supplée en faisant des règlements pour assurer, faciliter cette exécution.

Son organisation est soumise à trois principes généraux : 1° La centralisation imprime à toutes ses actes une seule direction, une impulsion uniforme et commune; 2° son action est une; elle est confiée à un agent unique; 3° elle est séparée de la délibération; agir, en effet, est le fait d'un seul; délibérer, le fait de plusieurs. Des conseils spéciaux, placés près de chaque agent, viennent l'éclairer dans sa gestion.

Ajoutons, qu'un certain ordre hiérarchique est établi parmi ces agents, pour faciliter la communication avec le pouvoir central.

Toutefois, l'administration n'est pas livrée à elle-même; chaque nature d'affaires, remise à son autorité, est l'objet de garanties spéciales; chacun de ses actes est entouré de formes qui ont pour but de la contenir.

La loi de la responsabilité pèse sur elle, et l'oblige sans cesse à respecter les droits des citoyens, et à ménager les intérêts de l'État : elle forme comme un contre-poids à la centralisation.

Telles sont les diverses combinaisons, qui président au système général de l'organisation de l'administration publique en France.

Vu par nous, président de la thèse, HEIMBURGER.

FIN.

www.ingramcontent.com/pod-product-compliance
Lightning Source LLC
Chambersburg PA
CBHW050533210326
41520CB00012B/2558